AF250914

LE
CRI DES RENTIERS

CONTRE

LE PRÉTENDU DROIT

DE REMBOURSEMENT, DE CONVERSION ET DE RÉDUCTION DES RENTES
DE L'ÉTAT QUE VEUT S'ARROGER LA CHAMBRE DES DÉPUTÉS
POUR FAIRE DU *quatre cinquième consolidé* A L'IMITATION
DU *tiers consolidé* DE LA CONVENTION ;

PAR ALEXANDRE CREVEL,

AUTEUR DU CRI DES PEUPLES ET DE DIVERS OUVRAGES SUR LA POLITIQUE, L'ADMINISTRATION,
LE COMMERCE ET LES FINANCES.

Etiamsi omnes, ego non.
Le pape CALIXTE.....

La raison du plus fort est toujours la meilleure.
LA FONTAINE.

ALPHONSE LEVAVASSEUR ET COMPAGNIE,
PLACE DE LA BOURSE, 8.

—

1838.

IMPRIMERIE DE MADAME POUSSIN, RUE MIGNON, 5.

AVERTISSEMENT.

Lorsque la grande question du remboursement fut agitée, la contestation se porta exclusivement sur l'équité, la nécessité ou l'opportunité de la mesure. Le *principe* du remboursement fut adopté par la Chambre des Députés, séance du 6 février 1836. Il ne s'éleva pas une seule voix contre ce principe, *contre le* DROIT.

A cette époque je disais *etiamsi omnes, ego non*, j'avait fait un travail en plusieurs articles *contre le droit;* quelques journaux en refusèrent l'insertion, leur opinion ayant été publiée en faveur du *droit* et de *l'opportunité.*

Je proposai mes trois articles à un journal très répandu qui n'avait pas contesté le droit jusqu'alors *incontesté,* mais qui s'était prononcé contre l'opportunité et la nécessité du remboursement et de la conversion. La Chambre venait de délibérer l'ajournement de la proposition du remboursement. La question n'était plus à l'ordre du jour, et mes articles me furent remis, après être restés huit jours au bureau de la rédaction.

A la fin de novembre dernier, ce journal publia contre le remboursement un article dont le passage suivant est extrait.

« Le jour où la lumière sera portée sur cette question, on reconnaîtra *avec étonnement* que la conversion des rentes ne serait qu'une injuste et violente spoliation formellement contraire au DROIT ÉCRIT, uniquement basée sur le *droit du plus fort....* Une fois *cette preuve faite,* les Chambres françaises se rappelleront que s'il n'y a pas de limites à leur puissance, il y en a à leurs droits, et qu'elles ne doivent pas vouloir ce qui est injuste. »

Cet article fixa l'attention des journaux défenseurs du remboursement. Ils manifestèrent leur SURPRISE en ces termes :

LE SIÈCLE. Non seulement il répute la conversion inopportune et d'angereuse, non seulement il s'inscrit en faux contre les *prétendus vœux* exprimés par la France électorale en faveur de cette mesure; la question est portée par lui sur un terrain où il devient oiseux d'examiner les considérations accessoires *d'utilité et d'opportunité,* c'est le DROIT même de remboursement qu'il nie d'une manière absolue; et s'il consent à le laisser remettre en discussion dans l'enceinte des débats législatifs, *c'est avec l'espoir qu'il y sera condamné sans retour.*

« Voilà le chemin que la question des rentes a fait entre les mains du ministère du 15 avril; on en est venu au point de *nier le droit* de l'Etat. Ce droit était *reconnu, proclamé par tout le monde,* par ceux mêmes des ministres qui se refusaient à la conversion, etc. »

Le Constitutionnel. Il ne faudrait pas rechercher beaucoup dans les discussions qui ont eu lieu à ce sujet pour se convaincre que *ni le* droit *ni l'utilité* de la mesure n'était contesté par eux et que la question *d'opportunité seule* les avait préoccupés quand ils résistaient à sastisfairé la Chambre.

« Cependant *on nous menace de démontrer ex professo* que la conversion violerait toutes les lois, etc. *Nous attendrons qu'on arrive aux preuves pour discuter ces questions.* »

Le Courrier Français. A l'entendre l'état n'a pas le droit de réduire l'intérêt de la dette publique, il n'y a même aucune utilité à l'entreprendre ; dans tous les cas, la mesure serait inopportune plus que jamais ; *il se fait fort de démontrer tous ces points, et nous attendons, pour y répondre, sa* démonstration.

Le journal attaqué publia un second article; sans entrer dans le fond de la question, il disait : « Ce qui doit surtout étonner au sujet de la conversion, c'est de voir ceux qui la réclament manifester la plus naïve surprise lorsqu'on leur annonce qu'il faudra en examiner la légalité. *C'était le seul point qu'ils avaient oublié.* Enlever 10 ou 20 millions par an à ses créanciers, est-il donc besoin en effet de rechercher si une opération d'un avantage tellement palpable, est justifiée par le droit. Cependant, comme nos créanciers ne se laisseront pas dépouiller sans en appeler à l'honneur, à la probité de leurs débiteurs, il faudra donc enfin aborder *cette question de légalité, jusqu'à ce jour si dédaigneusement négligée.*

« Nous en avons la confiance ; le pays ne voudra pas de la conversion, quelque profitable qu'on la lui présente, si la conversion est *illégale.* Ce sera donc le premier point à débattre *lorsque ce grand procès s'instruira.*

« La loi à la main, les créanciers de l'Etat établiront d'une manière irréfragable leur droit à percevoir en entier leur rente, etc.

« Cette question de légalité, ainsi appuyée sur les deux lois constitutives de notre crédit public, et placée sous la garantie de la Charte, vaudra donc bien la peine *d'être examinée sérieusement.*

« Ces preuves ne sont pas les seules, et lorsqu'il en sera temps, *d'au-*

tres encore seront mises en lumière, dont les partisans de la conversion NE PARAISSENT PAS MÊME SOUPÇONNER L'EXISTENCE. »

Le moment était opportun pour résoudre la question, à l'approche de la session. Le journal attaqué s'est borné à discuter les lois constitutives du grand livre, pour en tirer cette conséquence que l'Etat ne devait pas un capital, opinion que le Messager et autres journaux s'empressèrent de réfuter. La question n'a point été examinée, résolue.

Il m'est donc permis de penser que le journal attaqué voulait indiquer mon travail, qu'il avait eu à sa disposition en mars 1836, pendant une semaine, lorsqu'il disait, en ne parlant point en son nom : Ces preuves ne sont pas les seules, et d'autres encore seront mises en lumière, dont les partisans de la conversion ne paraissent pas même soupçonner l'existence, et les créanciers, la loi à la main, établiront d'une manière irréfragable, etc. (par l'organe de leur défenseur).

Etranger à la rédaction des feuilles publiques, je prends donc en mon nom personnel la défense des rentiers de l'Etat, en me plaçant dans une complète indépendance. C'est moi qui vais présenter *les preuves*, *les démonstrations* attendues par les journaux, lorsqu'ils se proposaient de répondre à leur adversaire.

INTRODUCTION.

L'opinion générale s'est manifestée en faveur du *droit de rembourse-ment de la dette*, dont la conséquence est la *réduction*. La Chambre des Députés, dans sa session de 1856, a adopté le principe en ajournant l'exécution de l'opération.

On veut sacrifier l'intérêt de 250 mille rentiers à l'intérêt général de 8 millions de contribuables ; le principe est incontestable.

A-t-on le DROIT de sacrifier l'intérêt de cette minorité à celui de la majorité ? *Etiamsi omnes, ego non.*

On répondra que la question est résolue affirmativement ; que, d'après le Code civil, toute rente constituée en perpétuel est essentiellement ra-chetable ; que le Gouvernement, ayant constitué des rentes à 5 pour 100 a, comme tous les débiteurs, le droit de racheter sa rente ; qu'il doit profiter de la réduction de l'intérêt pour emprunter à 4 pour 100, afin de rembourser son créancier à 5 pour 100, pour diminuer ses charges d'un cinquième ; que le Gouvernement, comme les citoyens, a intérêt à saisir l'occasion de se libérer et de s'affranchir d'une dette lorsqu'il le peut, etc.

Voilà toute la solution. Il est évident que la question ayant été réso-lue par la question même, n'a point été discutée, débattue, approfon-die ; qu'elle est encore palpitante et restée sans solution logique.

Je me propose de résoudre la question *négativement*, dussé-je être accusé de témérité en prétendant avoir seul raison contre tous. *Etiam si omnes, ego non.*

Pour justifier ou faire excuser cette témérité, je crois devoir citer quelques faits qui démontrent que, dans plus d'une circonstance, j'ai eu raison contre un grand nombre, contre la majorité, ou *contre tous.*

En 1816, dans un ouvrage qui embrassait toutes les branches de l'administration publique, je m'exprimais ainsi : « Nos révolutions po-litiques seront infailliblement suivies d'une RÉVOLUTION COMMERCIALE dont les symptômes inaperçus du vulgaire se font déjà sentir. L'orage gronde ; nous sommes *prévenus*, nous pouvons l'éviter ; opposons la force de nos institutions à la force des événemens ; mettons nos vais-seaux à l'abri, changeons nos *agrés et nos manœuvres*, l'horizon s'éclaircira ; mais , pour profiter du calme et du premier vent , soyons prêts à nous remettre en mer. »

Ces symptômes inaperçus du vulgaire commencent à devenir visibles à l'œil nu : J'AVAIS RAISON.

A la même époque, critiquant les opérations financières du Gouvernement, je prédisais , dans un autre ouvrage, les budgets d'un MILLIARD, les déficits , la dette flottante, etc. , etc. ; et une RÉVOLUTION FINANCIÈRE dont les premiers symptômes sont visibles aujourd'hui à l'œil nu : J'AVAIS RAISON.

Dans un troisième ouvrage sur les *Révolutions*, leurs causes , leurs effets , j'affirmais , en calculateur politique, qu'il était facile de préviser et de prédire une révolution inévitable en France et en Espagne. Les royalistes disaient alors, les uns, que la Charte avait établi un mur d'airain entre la révolution et les Bourbons ; les autres , que le Trocadéro avait tué l'hydre des révolutions ; je répétais constamment : *etiamsi omnes, ego non.*

Un député du côté droit, depuis questeur, me fit cette proposition : — Monsieur de V... , vous et moi nous passerons une nuit pour faire des corrections à votre œuvre en seconde édition. — Sur quels passages du livre devaient porter ces corrections ? Sur ceux qui calculaient politiquement la chute des Bourbons et la révolution d'Espagne plus de dix ans d'avance. Je répondis : La révolution marche , elle marchera. Au 1er août 1830 , J'AVAIS RAISON.

De 1825 à 1830 , les libéraux et les royalistes répétèrent à *l'unanimité :* La hausse des rentes est *un signe de prospérité publique.* Je répondais *au contraire.* On se moquait de moi ; mais , en 1831 et 1832, la *détresse* fut *notoire*, les ateliers fermés , les ouvriers sans travail, peu de bénéfices ; des secours furent votés par la législature ; les rentes étaient beaucoup plus élevées qu'en 1820 et 1810 ; elles franchirent promptement le pair de 100. *J'avais raison envers et contre tous.*

On prétendait que la hausse des rentes et le cours indiquaient le degré de confiance que l'on devait avoir dans le Gouvernement ; *etiamsi omnes, ego non.* La rente était à 106 le 30 juin 1830 , et, le 30 juillet, le gouvernement tombait. *J'avais raison contre tous.*

Aujourd'hui , tous disent que le Gouvernement à le droit de rembourser et de réduire les rentes ; je dis *non,* et je prétends avoir raison contre tous.

Galilée répétait seul la terre tourne ; son opinion fut long-temps sans échos ; mais il n'en est pas moins démontré que la terre tourne, et qu'en présence des incrédules , des OEdipes et des sourds :

La révolution commerciale marche,
La révolution financière marche,
La révolution politique marche encore.

Le monde avec lenteur marche vers la sagesse,
Et la nuit des erreurs règne encor sur Lutèce.

(VOLTAIRE.)

LE
CRI DES RENTIERS.

QUESTIONS DE FAIT.

POINT DE PRÊTEURS, POINT D'EMPRUNTS, POINT DE REMBOURSEMENT.

Rembourser c'est payer ; pour payer un capital, il faut emprunter, ou bien retourner la maxime de M. Vautour, quand on n'a point le moyen d'avoir une maison à soi, il faut avoir une maison à loyer; quand on n'a pas le moyen d'avoir un capital à soi, il faut payer la rente du capital.

Nos financiers disent : Tout CITOYEN ou individu quelconque a intérêt à s'affranchir d'une rente (quand il le peut). Il est permis à tout *citoyen* de profiter de la réduction du taux de l'intérêt pour rembourser un prêteur à 5 avec les fonds empruntés à un nouveau prêteur à 4.

J'en conviens, rien de plus naturel; rien de plus juste, lorsqu'on trouve des prêteurs à 4, qui s'interdisent d'exiger le capital prêté *ad vitam æternam* AMEN.

Un Gouvernement n'est pas un particulier comme d'autres citoyens, mais un singulier, un très singulier citoyen, être collectif, *ipsi sui generis*, comme les obligations de rente, qui n'est ni génie, ni diable, ni dieu, ni homme, ni chrétien, ni athée, plutôt juif que catholique, plus arabe qu'Européen, plus Grec que Romain, une façon de Gargantua d'un appétit vorace, une espèce de Gulliver que mange les petits ; un croque-mitaine rébarbatif et tant soit peu amphigourique, comme le système du crédit public, essentiellement amortissant et d'un caractère quelquefois assommant ; un Pénélope masculin déconstituant les constitutions, et déconsolidant les consolidations, un être multiforme qui ne tient ni du Père, ni du Fils, ni du Saint-Esprit; que Dieu n'a point créé comme les particuliers à son image et ressemblance, qui n'est ni civil ni civilisé, plus politique que social, plus égoïste que libéral, enfin un assemblage singulier de pluriels, de tous cas et de tous genres, indéfini, indéfinissable, toujours prêt à exercer *l'ultima ratio regis et reipublicæ*, contre des particuliers citoyens qui, ne sachant souvent à quel saint se recommander, n'ont à opposer à son droit du plus fort que le droit inerte du plus faible, si bien défini, si clairement exprimé par le bon Lafontaine dans l'histoire vérité du Loup et l'Agneau.

Ce singulier citoyen, à l'égard duquel nos singuliers financiers font de si sin-

guliers raisonnements , est-il dans la position commune et particulière aux particuliers que Dieu daigna créer à son image et ressemblance, et qui semblent ne pas
s'en douter, ou s'ils s'en doutent ils ne s'en doutent guère ? *Etiamsi omnes, ego
non.*

Cette opération ne constituerait pas un véritable remboursement; rembourser,
c'est se liquider, se libérer, s'affranchir d'une rente. Restituer un capital prêté,
avec un capital emprunté , c'est faire une opération de réduction d'intérêt, c'est
changer de créancier pour un même capital.

Mais dussé-je faire pousser la chair de poule à nos singuliers financiers, et leur
colloquer quelques spasmes néphrétiques , j'affirme 1° que le singulier citoyen
rationnellement ne trouvera par un seul prêteur qui consentira à lui donner 100 fr.
pour 4 fr., en s'interdisant d'exiger le capital ; 2° que rationnellement il ne trouvera pas un seul acquéreur de ses rentes 4 pour 100 à 100 ou 102 à Paris , abstrac-
tion faite des capitalistes de Charenton.

Un particulier, un vrai particulier, un homme enfin qui n'est ni singulier citoyen , ni singulier financier, faisant usage de la raison et de l'intelligence , bien-
fait du ciel que le Créateur dans sa sagesse a daigné innoculer à son être pour lui
apprendre a se méfier des gasconnades , à éviter les piéges tendus à sa crédulité ,
fera ce petit raisonnement translatif pour l'édification et l'instruction primaire
financière de la génération couvée sous la robe des frères ignorantins et dans les
écoles d'enseignement mutuel.

« 5 fr. de rente valent, 105 (106, 107, selon le cours); si, pour 105, on a 5 fr.
pour 84, j'aurai 4 fr. Si 5,000 fr. de rente exigent un déboursé de 105,000 fr.,
4,000 fr. exigeront 84,000 fr. Si j'obtiens à la bourse 4,000 fr. pour 84, moi
qui habite Paris, le centre des sciences et des arts , la capitale du monde civilisé
et du monde savant, dit-on, pourquoi ferais-je la sottise charentonienne de
payer 100,000 fr. à son excellence monseigneur le ministre des finances de France
et de Navarre , en échange d'une nouvelle obligation de 4,000 fr. de rente, même
somme, même solvabilité, même débiteur, l'une ou l'autre me conférant le
même droit de recevoir au trésor 2,000 fr. écus, par semestre? »

Il aura raison, car un individu n'achètera pas chez un négociant 100 balles
café martinique à 35 sous s'il trouve sur le marché mercantile 100 balles café
même origine , même qualité , à 30 sous. Cette partie de café à 35 sous ne sera
achetée, ni par un grand consommateur, ni par un marchand de café, ni par un
spéculateur; le négociant gardera sa marchandise indéfiniment s'il reste entêté
à 35 sous.

Puisque l'on peut trouver sur le marché aux rentes 4 fr. pour 84 à 85, le ministre des finances, ce grand manufacturier financier gardera indéfiniment dans
ses ateliers la marchandise rente , fabriquée à 4 pour 100, et les contribuables,
suivant l'usage, paieront sans façons, ou sans le savoir, la façon de la marchandise de rebut invendable; point de prêteurs, point d'emprunts, point de rem-
boursements.

Nos singuliers financiers, qui ont toujours à leur disposition une provision de
réponses plus singulières les unes que les autres, répondront : Puisque le minis-

tère Chabrol a trouvé 102 millions pour 4 millions, pourquoi le Gouvernement, à une époque où le crédit public est *si florissant*, ne trouverait-il pas à 4 pour 100 une somme plus considérable à *emprunter* (style bursal)?

Pourquoi? pourquoi? 1° C'est parce que vous ne vous apercevez pas, nouveaux OEdipes, que votre crédit public est tellement florissant, qu'il est près de descendre de l'apogée de la floraison au périgée de la défloraison, et que Millevoye, qui, dans ses élégies, versait au passé des pleurs sur la chute des feuilles, s'il vivait encore, verserait au futur prochain sur la chute des fleurs de l'arbre du crédit public, des torrents de larmes qui lui procureraient incontestablement une ophtalmie; 2° parce que le ministère Chabrol n'a point emprunté 102 millions à 4 pour 100. *Dico unus rostrum me traditurus est.*

A cette époque, comme à l'époque actuelle, des PRÊTEURS, *placeurs de fonds à intérêt,* auraient obtenu sur le marché (le 5 valait 105) 4 millions de rente pour 84 millions avec une petite économie de 18 millions qui valait bien la peine d'être prise en considération ou en caisse. Ces 18 millions placés à 5 pour 100, leur auraient procuré 900 mille francs de rente; total, 4 millions 900 mille fr., au lieu de 4 millions; et si ces prétendus prêteurs avaient ajouté à ces 102 millions un petit capital de 3 millions, ils auraient eu pour 105 millions un million de rente de plus; ces 3 millions auraient rapporté 33 pour 100, et les 84 millions 5 pour 100. Comme l'intérêt personnel est le grand véhicule des actions humaines dans le monde civil, dans le monde politique, et dans le *monde financier,* je crois pouvoir en conclure, très logiquement, que cet emprunt n'était point un emprunt; que ces prêteurs n'étaient pas des prêteurs; point de prêteurs, pas d'emprunts, pas de remboursement.

Nos financiers diront-ils : Peu vous importe s'il se trouve des capitalistes assez bonnes gens ou assez bons particuliers pour prêter au Gouvernement (singulier citoyen) à 4 pour 100, ou même pour acheter dans les magasins du ministre des finances à 100 ou 102 francs, une marchandise qu'ils obtiendraient à 84 sur le marché ; avez-vous le droit de les empêcher de perdre 18 sur 102, par zèle, par amour du bien public, par dévouement aux intérêts généraux, par excès de patriotisme, pour se faire décerner les honneurs du Panthéon, ou pour devenir les grands-prêtres du temple de Jupiter Capitolin ; ou enfin pour tomber dans l'apothéose de la pairie en s'élevant au-dessus des pairs?

Eh! mon Dieu non. Je me borne à faire une observation purement philantropique, pour éviter aux particuliers, mes concitoyens, le désagrément de se laisser prendre aux filets tendus par le génie gascon du crédit public; soyez bien convaincus que je n'ai ni le droit, ni l'intention, ni la volonté d'empêcher les gens bons de faire des sottises, de dire des niaiseries, ou de croire aux emprunts du crédit public par constitutions de rentes à 5, 4 et 3 pour 100, constitutions d'ici-bas condamnées là-haut, par les arrêts immuables du destin, à subir le funeste sort de tant d'autres constitutions de toutes formes, de toutes couleurs, qui paraissaient être assez bien constituées, d'une santé aussi florissante que celle du crédit public. Pauvres défuntes, vous n'êtes plus de ce monde; et cependant, comme M. de *Lapalisse*, un quart d'heure avant votre mort, vous étiez encore en vie.

Examinons comment la phraséologie politico-financière fournira le capital nécessaire à l'opération dite du remboursement.

La dette rente 5 pour 100 est de 140 millions. Remboursera-t-on les 40 millions *immobilisés?* a-t-on le droit d'immobiliser des obligations de rentes que *l'on dit avoir le droit de rembourser*, sans violer le principe de l'égalité de droits, et l'article 1ᵉʳ de la Charte : « les Français sont égaux devant la loi, » devant la loi du remboursement. Des rentes immobilisées sont-elles remboursables? des rentes remboursables facultativement peuvent-elles devenir perpétuelles par l'immobilisation? Passons sur cette question inopportune.

La rente mobile est de 100 millions au capital de 2 milliards. Il s'agit de chercher des prêteurs, d'après l'axiome *quære et invenies,* axiome souvent trompeur, car on cherche parfois ce qu'on ne trouve pas, et en cherchant ce qu'on ne trouve pas, on rencontre ce qu'on ne cherche pas : souvenez-vous-en, financiers.

Après avoir bien cherché, fureté dans tous les coins de Paris; après avoir même utilisé les nuits et les jours de tous les chiffonniers, les plus fameux furets de la capitale, êtes-vous bien certains de découvrir des prêteurs assez riches pour prêter collectivement ces deux milliards à perpétuité, en s'interdisant le droit d'exiger ce capital prêté à 4 pour 100, en prévoyant les cas où ils trouveraient plus tard des placements à 5, en changeant de débiteur comme le singulier citoyen changerait de créancier de 5 à 4, le cas où ils trouveraient l'occasion de faire produire des *bénéfices* à leurs capitaux?

2 milliards! 2 milliards! c'est beaucoup d'argent, surtout avec un procureur tel que le crédit public. J'ai bien peur que vous ne comptiez sans votre hôte; je crains que le crédit public ne puisse pas vous fournir un aussi magnifique mobilier. 2 milliards pièces 5 francs : il semblerait vraiment que pour vous il n'y a qu'à parler. Il se pourrait néanmoins que les écus tombassent dans vos caisses, comme les alouettes toutes rôties sont tombées après la révolution de juillet, dans la cuisine ou dans la bouche des particuliers citoyens.

Vous ferez donc tout comme a fait le ministère antérieurement, dans ses ateliers de fabrication de rentes. Vous annoncerez l'adjudication au plus offrant surenchérisseur d'une partie de marchandise rente, étiquetée 4 p. 100 du poids de 80 millions.

Plusieurs sociétés se formeront en participation et se présenteront à l'adjudication : adjugé, soit 100 fr. les 4 p. 100.

L'adjudicataire s'engagera, dit-on, à *prêter* 2 *milliards,* quoique les mots *adjudicataire* et *prêteur* sonnent fort mal ensemble. Glissons, glissons, tout le monde glisse en France : voilà pourquoi on a fait tant de faux pas en finance.

Je parie cent contre un, mille contre un, que cette société, composée de spéculateurs qui ne sont pas plus prêteurs que la fourmi, et c'est là leur moindre défaut, négociants, banquiers, etc., ne renonçant pas au négoce ou à la banque, étant besogneux de leurs capitaux (point de capitaux, point de négoce, point de banque), ne réuniront pas collectivement 20 à 40 millions qu'ils devraient s'interdire d'exiger à perpétuité. Or, avec 20 à 40 millions, prête-t-on 2 milliards?..... avec 50 fois moins prête-t-on 50 fois plus?..... Vous êtes donc dans une complète illusion. Point de prêteurs, point d'emprunts, point de remboursement.

Je conçois que la corne Amalthée de la vieille école financière pourrait répandre deux milliards dans le trésor de l'État; ce ne serait pas la puissance d'un véritable crédit public; mais au moyen d'un procurement de fonds, MODE POLITIQUE, *tripotage financier*. Ces capitalistes, aussi singuliers prêteurs que le Gouvernement est singulier emprunteur, ne seront que les courtiers, les agents, les *prête-noms* du grand agitateur de la paix publique du marché public, *du grand capitaliste*, L'AGIOTAGE.

Que fera la compagnie adjudicataire? Elle n'accordera pas au Gouvernement un crédit public par le fait de l'adjudication publique; c'est le Gouvernement au contraire, ce singulier citoyen, qui, comme au passé, accordera au présent, à ces particuliers, un crédit *public* de 6 à 8 mois; public à la face de la France!

Cette opération ne constituerait pas un crédit public. Nos créanciers devraient concevoir qu'une compagnie de spéculateurs achèterait les pièces de 20 sous 25 sous, à périls et risques, si elle avait l'espoir ou la conviction, bien ou mal fondée, de les vendre 28 à 30 sous; elle achèterait des cailloux 100 fr. le cent, si elle avait l'espoir ou la certitude de les vendre 105 à 110 fr.; enfin elle achèterait 5 fr. de rente 140 et 150 fr., si elle avait l'espoir ou la conviction de réaliser à 160 ou 170. Mais cette compagnie ne PRÊTERAIT *pas* 21 *sous* sur une pièce de 20 sous à terme ou à perpétuité, 5 fr. sur un cent de cailloux, et 100 fr. sur une rente de 4 ou 3 fr. Avis à nos financiers.

Les particuliers achèteront en gros à périls et risques pour vendre en détail sur le marché durant le terme accordé, au comptant ou à terme, livrable ou à livrer, et paieront le Gouvernement avec les fonds réalisés pendant la durée du crédit. De semblables *prêteurs* ne sont pas rares à Paris. Comptez les maisons : autant de prêteurs à de pareilles conditions. Je conçois alors que ces prétendus prêteurs s'interdiront d'exiger à perpétuité le capital qu'ils n'ont pas prêté. Point de capital prêté, point de prêteurs, point d'emprunts, point de remboursement.

Dans l'impossibilité de l'emprunt suivant le *code civil* que les rentiers résistent contre la réduction, *qu'ils demandent tous le remboursement*, en disant : Nous consentons au remboursement si vous trouvez à emprunter par le *mode civil*. Si vous trouvez des prêteurs qui s'interdiront d'exiger un prêt de 2 milliads, nous vous donnerons pour vos étrennes un magnifique merle blanc (en biscuit ou porcelaine) et une superbe lune de miel (en pain d'épice de Reims).

QUESTIONS DE DROIT.

DROIT COMMUN.

Vous voulez rembourser 2 milliards, capital de vos 100 millions de rentes, dites *constituées* sur un livre composé de feuilles de papier volantes, dont l'union ne constitue qu'une liaison et non pas une force ; séparez-les, et le vent emportera tous les articles de votre constitution. Supposez un incendie, vos constitutions sont flambées sans assurances ; avez-vous fait assurer vos constitutions financières ? Non, pas plus que vos constitutions politiques. Vous dites que vous avez constitué ; vous avez oublié le point essentiel : la constitution du fonds de garantie de vos constitutions. L'histoire nous apprend que tous nos constituants n'ont rien constitué ; n'êtes-vous pas comme eux des constituants sans constitution des constitutions ?

Devez-vous 2 milliards, capital de 100 millions de rentes ? Etes-vous certains d'avoir constitué 100 millions de rentes constituées ?

Quelle étrange question ! s'écrieront nos financiers. Quelques morosifs grogneront tout bas : quelle bêtise ! Oui, oui, ajouteront-ils, c'est aussi certain qu'il est certain que nous avons emprunté ; c'est aussi sûr qu'il est sûr que nous nous sommes adressés à des prêteurs devenus nos créanciers ou qui ont transmis à d'autres prêteurs.

C'est certain, c'est sûr, *vous n'avez rien démontré jusqu'à ce jour ;* vous vous êtes contentés d'affirmer en faisant de la phraséologie financière que tout CITOYEN a intérêt à se libérer, à s'affranchir d'une dette et qu'il a le droit de racheter sa rente constituée (quand il a constitué une rente perpétuelle), en vertu de l'art. 1911 : « La rente constituée en perpétuel est essentiellement *rachetable.* » Voilà toute votre démonstration.

Art. 1909 du Code civil : « On peut *stipuler* un *intérêt* moyennant un CAPITAL que le *prêteur* s'interdit d'exiger ; dans *ce cas*, le prêt prend le nom de CONSTITUTION DE RENTE.

Faisons l'application logique de cet article. Avez-vous stipulé fractionnairement, divisément dans vos divers emprunts l'intérêt collectif de 100 millions, moyennant un capital de 2 milliards que les prêteurs se sont interdit d'exiger ?

100 millions sont le denier 20, ancien régime, et les 5 pour 100 de 2 milliards, c'est évident ; et vous prétendez avoir constitué 100 millions de rentes à 5 pour 100 !

C'est faux. Vos 100 millions ne sont point constitués à 5 pour 100 ; vos prêteurs ne se sont point interdit d'exiger le capital de 2 milliards.

Pourquoi ? 1° parce que le ministre des finances, en 1836, a évalué le taux moyen de tous les prétendus emprunts à 73 fr. les 5, prix comparatif ; évalua tif de vos 100 millions de rente ;

2° Parce qu'à ce taux le capital prêté serait de 73 pour 5 et de 1,460 millions pour 100 millions ;

3° Parce que le capital d'emprunt, inexigible prêté, étant un capital déboursé par le prêteur, encaissé par l'emprunteur, vous n'avez reçu, palpé qu'une somme monétaire de 1,460 millions notoirement, ainsi que l'attestent l'acte authentique, tenant lieu de contrat, le PROCÈS-VERBAL D'ADJUDICATION et la publicité de l'acte.

Ainsi, quand en face de l'acte authentique, quand en opposition avec la publicité, vous affirmez que vous devez 2 milliards, je vous réponds que vous vous trompez ou que vous voulez tromper l'Etat, votre mandant ; car l'Etat ne doit que 1,460 millions, et vous, mandataires de l'Etat, vous voudriez lui faire payer ce qu'il ne doit pas, une plus-value de 540 millions, ni exigible par les *prêteurs*, ni remboursable par l'emprunteur, et dont la rente constituée ne serait pas rachetable conformément à l'art. 1911 non applicable ; la rente constituée en perpétuel est essentiellement rachetable.

Art. 1915. « L'obligation qui résulte d'un prêt en argent n'est toujours que de la somme énoncée au contrat. »

Art. 1902. « L'emprunteur est tenu de rendre les choses prêtées en mêmes *qualité* et QUANTITÉ. »

En vendant 5 millions de rente au prix de soit 80 fr. les 5 fr., vous avez adjugé publiquement ces 5 millions à ce prix au surenchérisseur. Or, 5 millions à 80 font remonter incontestablement le prix total à 80 millions, que l'adjudicataire s'est engagé à *débourser* pour vous en procurer l'encaissement ; et, dans le sens de l'emprunt, comme l'acte authentique et la publicité nous affirment que le prêteur n'a déboursé que 80 millions, vous n'avez emprunté que 80 millions ; dans l'emprunt collectif, les prêteurs n'ayant déboursé que 1,460 millions encaissés par le débiteur, vous n'avez pas emprunté 2 milliards.

Quel intérêt avez-vous stipulé ? « Il est permis de stipuler intérêt pour un capital, etc. » 5 pour 100 seraient la stipulation de l'intérêt dans une *obligation de* CAPITAL de 100 fr., en indiquant que l'intérêt de ce capital est stipulé et convenu à 5 fr. ; 5 pour 100 ne stipule pas un intérêt dans une *obligation* D'INTÉRÊT ou de rente.

L'intérêt est indiqué, dans une obligation de capital, comme loyer du capital ; 5 pour 100 est le taux d'évaluation de cet intérêt *inconnu* qui n'est pas exprimé dans l'obligation ; il est censé inconnu. Dans une obligation d'intérêt, c'est le contraire ; la rente est fixe, déterminée ; le capital est censé inconnu, il n'est pas exprimé ; mais les mots : 100 pour 5 seraient le taux d'évaluation certaine pour le connaître. Obligation de capital 5 pour 100, obligation d'intérêt 100 pour 5, distinction que vous n'avez pas trouvée dans le Code.

Capital 1,000 fr. à 5 pour 100 ; si 100 fr. donnent 5 fr., combien 1,000 fr. connu donnera-t-il d'intérêt inconnu ? 50 fr. rente, 50 fr. à 100 pour 5. Si 5 fr. sont la rente de 100, combien 50 fr. de rente connue donneront-ils de capital inconnu ? 1,000 fr. On ne procède pas de l'inconnu au connu.

Vos rentes seraient constituées (elles ne le sont pas) au capital de 1,460 millions à l'intérêt de 100 millions, comme vous leur avez donné une couleur de 5 pour 100, cette couleur fût-elle 100 pour 5, à quel taux vos emprunts ! 1,460 sont à 100 comme 100 sont à 7 (moins une petite fraction).

Vos 100 millions de rente, dites constituées, seraient évidemment constituées à 7 pour 100 et non pas à 5 pour 100, couleur trompeuse, étiquette fallacieuse, *faux en écriture authentique*. Pouvez-vous traduire le singulier citoyen devant la Cour d'assises sous l'empire du droit commun criminel? Hein !...

Depuis un grand nombre d'années vous payez sur votre emprunt collectif de 100 millions un intérêt *usuraire* de 7 pour 100 ; vous voulez rembourser 540 millions plus que vous n'avez reçu et dont l'intérêt 5 pour 100 est de 27 millions. Vous voulez perdre chaque année 27 millions pour économiser 20 millions par an, 20 millions résultant de la réduction du 5 en 4 de 100 millions à 80. Oh ! la belle opération ! Peste soit des économistes avec leurs économies ! Règle générale : qui de 20 paie 27, reste 7 de bénéfice. Singulière manière de grouper les chiffres.

Voilà ce qu'on appelle dans l'idiome de la finance, dans l'argot de la Bourse, *s'endetter* pour *s'enrichir*.

La réduction de 5 à 4 ou de 1 pour 100 serait la réduction de 7 à 6. L'Etat paierait indéfiniment 6 pour 100, plus pour le fonds d'amortissement 1 pour 100 sur le capital fictif de 100 ou 1 1/3 sur 73 ou 7 1/3 pour 100, et nos financiers diraient : C'est du 4 pour 100, *vive le crédit public!* et je dirais : A bas la rubrique !

Le Gouvernement n'a donc point emprunté à l'intérêt légal, ni à l'intérêt indiqué par les mots 5 pour 100 exprimés dans ses prétendues rentes constituées, sans constitution ; mais à un *intérêt conventionnel*, usuraire de 6, 8, 9 et 10 pour 100 au taux moyen de 7 pour 100.

Art. 1907, 2ᵉ §. « Le taux de *l'intérêt conventionnel* doit être fixé par écrit. »

Cette condition n'a pas été remplie en échangeant une annuité perpétuelle dite 5 pour 100 de 5 fr., contre un encaissement de 73, intérêt 7 pour 100 qui n'a pas été fixé dans l'acte.

Art. 1907, 1ᵉʳ §. « L'intérêt est légal ou conventionnel. L'intérêt légal est fixé par la loi ; l'intérêt conventionnel peut excéder celui de la loi toutes les fois que la loi ne le prohibe pas. »

L'art. 3 de la loi de 1807, dérogatoire à l'art. 1907, est ainsi conçu : « Lorsqu'il sera PROUVÉ que le *prêt conventionnel* a été fait à un taux *excédant* celui fixé par l'art. 1ᵉʳ (5 pour 100), le *prêteur* sera condamné à *restituer cet excédant*, s'il l'a reçu, ou à souffrir la RÉDUCTION sur le principal de la créance. »

La masse des créanciers de l'Etat, l'être collectif qui a *prêté* comme individualité 1,460 millions à 7 pour 100, a touché un excédant de 2 pour 100 ; mais comme l'individualité rentière, le prêteur, le créancier a fait divers prêts à diverses époques, à divers taux conventionnels, cet excédant n'est pas facile à déterminer ; il devra donc supporter la réduction sur le principal, c'est-à-dire sur le capital évalué à 2 milliards qu'il n'a pas prêtés, et dont l'excédant est de 540 millions à réduire sur le principal.

L'art. 4 de la loi de 1807 renvoie le prêteur devant la police correctionnelle pour être condamné à une amende qui ne pourra excéder la moitié des capitaux prêtés à usure , et à un emprisonnement qui ne pourra excéder deux ans.

Stupete gentes. Vous ne vous doutez pas, gente financière, de ce que vous allez voir. Le Gouvernement qui n'a pu se maintenir sous le régime de la constitution qu'au moyen du mensonge et de déclarations fallacieuses, en verbiages de 5, 4 et 3 p. 100, avec accompagnement de falsifications constitutionnelles, se trouve renvoyé, c'est-à-dire se trouve placé sous le poids d'une action criminelle devant la cour d'assises, sa cour des Pairs, vu sa qualité de singulier citoyen; car, selon la Charte, tous les citoyens, singuliers ou particuliers, sont égaux devant la loi.

Il va résulter de ce qu'il a plu au singulier citoyen d'escobarder le régime de la constitution en faisant une pirouette pour se retourner vers la convention, qu'il tournera le dos à la cour d'assises et placera, au moyen d'une ruade, tous les créanciers de l'Etat , les rentiers , sous le régime de la convention : gare le maximum ! gare le 4/5 consolidé! Voilà tous les créanciers terrifiés, traduits en police correctionnelle, et contraints par le droit commun, comme citoyens particuliers, de restituer 540 petits millions, attendu qu'ils ont prêté 1,460 millions en achetant à divers prix, au cours du jour, de la *marchandise* sur le marché public; et par-dessus le marché, les voilà condamnés à deux années de prison pour avoir acheté la marchandise à trop bon marché, même à 107 et 108, quoique la valeur estimative soit fixée à 100 fr. par les experts de la finance, pair de France, comme si ces acquéreurs avaient joué au *pair* ou *non*.

Voilà les créanciers condamnés à deux ans de prison, à restituer 540 millions d'excédant et à payer une amende de 730 millions; de sorte que le singulier citoyen aura reçu primitivement 1,460, recevra un excédant de 540 et une amende de 730 (car c'est lui qui perçoit les amendes); total, 2 milliards 730 millions, sur un capital de deux milliards.

Si un Gouvernement peut faire des inscriptions de faux, abandonner le régime de la constitution, éluder la cour d'assises, escamoter la pairie des jurés qui ne sont pas ses pairs, placer ses créanciers sous le régime de la convention, n'observer aucun régime, parce que la nature ou sa nature, l'a gratifié d'un tempérament robuste, assez robuste pour le dispenser de recourir aux soins de la médecine politique, qui ne guérit ni les singuliers ni les particuliers, direz-vous que c'est un citoyen comme un autre, vivant comme les autres citoyens sous le régime du droit commun, puisqu'il n'a pas de régime qui le gouverne, mais du verbe tant qu'il en veut pour gouverner *l'accusatif*, et ne participant pas du particulier, en définitif, puisqu'il est un être plus que parfait, indéfini. Avouez, financiers, tous membres du corps politique, social et bursal, que vous êtes de drôles de corps ; et honni soit qui mal y pense.

Comme la définition de *la rente constituée* figure dans le Code au chapitre du PRÊT A INTÉRÊT, la rente constituée ne peut être , en droit et en fait, que L'INTÉRÊT D'UN ARGENT PRÊTÉ *que le prêteur s'interdit d'exiger* (art. 1909).

La différence entre le prêt constitué et le prêt conventionnel, consiste dans la renonciation au droit de remboursement, renonciation qui rend évidemment cette *rente perpétuelle*, et dont la perpétuité ne devient temporaire que par la volonté du débiteur quand il devient capitaliste, *conditio sine quâ non.*

Art. 1995. « L'obligation qui résulte d'un prêt en argent n'est toujours que de la somme *numérique* énoncée au contrat. »

Les annuités perpétuelles de l'Etat ne réunissant ni la nature, ni le caractère des rentes constituées, si le Gouvernement prétendait s'être réservé le droit de rembourser *quand il lui plaira* ou QUAND MÊME.... au taux de son pair de 100 imaginaire, ses engagements ne seraient pas régis par l'art. 1909, mais par l'art. 1901 : « S'il a étéseulement convenu que l'emprunteur paierait *quand il le pourrait* ou QUAND IL EN AURAIT LES MOYENS, le juge lui fixera un terme de paiement suivant les *circonstances.* »

Voilà donc le Gouvernement, par l'injonction de la loi, et la loi ne plaisante pas, elle prend tout au sérieux, obligé de prier avec plus ou moins d'instance, selon son caprice et son bon plaisir, le juge de première instance de lui fixer un délai selon les circonstances.

A quel juge s'adressera-t-il ? Il y a plus de deux mille juges en France. Présentera-t-il *son tibi placet,* en attendant *le tibi gratias,* au tribunal de son arrondissement ? Le singulier citoyen a-t-il un arrondissement, une mairie, une commune, son juge de paix ou son commissaire de police ? Est-il électeur municipal, civique, départemental, députatif, éligible ? Car il est un citoyen comme tous les autres particuliers, selon nos financiers.

Son tribunal ! Est-ce le tribunal de Paris ? ce tribunal des Parisiens, des particuliers qui vont à leur mairie faire inscrire leur naissance, leur mariage, et leur décès un quart d'heure avant leur trépas, ou par procuration après leur mort ?

Dites-moi, et ce faisant vous me ferez le plus grand plaisir, si le Gouvernement de Juillet a fait inscrire sa naissance sur les registres de *l'état civil* de sa commune et son mariage avec la nation de France et de Navarre sur les livres de sa mairie ? hein ?

Dites-moi, et je vous demande mille pardons de l'importunité et de l'opportunité de mes questions, si le feu singulier citoyen montait sa garde aux Tuileries comme soldat, sous-officier ou officier, s'il a fait inscrire son décès sur les registres de l'Etat civil de sa commune, après avoir descendu la garde, ou s'il a chargé de cette mission un procureur fondé, selon le Code civil ; nommez ce procureur fondé. Je suis désireux de le connaître ; je veux savoir s'il était aussi bien fondé que votre crédit public, aussi bien constitué que vos constituteurs d rente ; je veux m'assurer s'il n'était pas un procureur de cire, blanc comm neige, fondu au soleil de juillet.

Dites-moi si le trépassé, grand personnage, *ipi sui generis* comme la rent 5 pour cent, qui ne ressemblait point à tous les particuliers citoyens *ejusde farinæ,* a son tombeau chez le révérend Père-la-Chaise, comme tous les grand et petits personnages de distinction, ou s'il a été enseveli dans le blanc linceul d cette superbe catacombe sur le frontispice tricorne de laquelle on lit en lettres d'or, l'argent à 4 pour cent étant à trop bon marché, aux grands hommes la patrie reconnaissante : lisez, petits et grands.

En vérité, votre citoyen ne ressemble nullement aux autres par sa configuration; il n'a pas même le nez au milieu du visage. C'est une transfiguration incessante, une espèce de métempsycose indéfinissable : un prothée insaisissable, fin, adroit, léger, volatille, qu'on ne peut jamais attraper. Vous croyez l'empoigner, vous n'avez dans la main que du zéphir, de l'aquilon, selon la température du moment, selon les circonstances à l'égard desquelles le juge est incompétent. Vous le poursuivez vigoureusement, il vous échappe en faisant le saut périlleux par l'une des fenêtres de la plus haute des chambres de son logis. Il s'enfuit sans passeport, sans tambour ni trompette. Où? où? aux antipodes; laissez donc là vos affaires. Abandonnez la bourse, vos femmes et vos enfants, et même votre dîner, pour courir après lui.

Vous me direz que ce citoyen exerce des droits politiques en usant de la liberté de la presse pour publier des opinions qu'il n'a pas : c'est vrai; mais vous conviendrez qu'il a souvent abusé de la permission plus que l'ordonnance ne le comporte. Lui a-t-on fait un seul procès pour avoir excité à son mépris et à sa haine ? Hein! répondez-moi! Lui a-t-on fait un seul procès depuis quarante-cinq ans ? a-t-il passé un seul jour à Sainte-Pélagie, même préventivement? lui a-t-on appliqué *la loi de tendance* ou de provocation à la révolte? n'a-t-il pas souvent tiré sur lui-même, sur les siens, sur ses frères et amis ? a-t-il été traduit devant les tribunaux criminels ou devant la Cour de ses Pairs de France, sa qualité de Français ne permettant pas qu'il fût cité devant la Cour des Pairs d'Angleterre?

Dans le cas prévu par l'art. 1901, la rente ne serait encore que l'intérêt d'un prêt conventionnel, et suivant l'art. 1902, «l'emprunteur est tenu de rendre les choses prêtées en mêmes *qualité et quantité.* »

Le Gouvernement n'ayant reçu très notoirement, les financiers ne nous en feront pas accroire, que 73 pour 5 n'est tenu qu'à la restitution de 73, chose prêtée, en mêmes qualité et quantité, ce qui signifie qu'ayant reçu des pièces de cent sous de bon argent et de bon aloi pour 5 francs, il ne peut restituer en pièces de 5 francs d'alliage ou en monnaie de billon; car, conformément à l'art. 1895, deuxième paragraphe, « s'il y a eu augmentation ou diminution d'espèces avant l'époque du paiement, le débiteur doit rendre la *somme numérique* prêtée et ne doit rendre que cette somme dans les espèces ayant cours au moment du paiement, ce qui signifie que s'il avait reçu des gros écus pour six livres et des petits pour trois livres, il ne les rendrait que pour 5 fr. 80 cent., pour 2 fr. 75 cent., et les pièces 24 sous pour un franc.

Pour effectuer le remboursement en vertu des art. 1901 et 1895, à qui offrira-t-il ses 73 fr.? Les compagnies adjudicataires répondront : Nous avons vendu sur le marché, immédiatement après l'achat pendant la durée *du terme et du crédit* que vous avez eu la bonté de nous accorder, en disant aux badauds de Paris et des départements que nous vous accordions un crédit public, lesquels ont confondu la vente publique avec le crédit public. Nous vous réitérons, à l'occasion de la nouvelle année, nos remercîmens de la confiance que vous nous avez témoi-

gnée en cette occurence, et vous prions d'agréer l'hommage de notre reconnais-
sance pourvu, sous-entendu, que vous ne nous demandiez pas d'argent ; ne ré-
clamez rien, nous serons toujours amis et sur ce, nous adressons des vœux au
ciel pour votre longévité, votre immutabilité aussi perpétuelle que celle de vos
rentes, et qu'il vous ait en sa sainte et digne garde, ainsi soit-il.

Les marchands actuels, détenteurs par transmission indéfinie, usant ou abu-
sant du droit de spéculation, répondront :

« Nous ne sommes pas des rentiers ni des prêteurs, mais des négocians spéculateurs sur une marchandise que nous achetons, vendons, rachetons sur le
marché, marchandise *sui generis* ayant un cours public, variable, en hausse ou
en baisse, comme les autres marchandises. Vous ne nous avez rien emprunté.
Nous n'avons pas l'honneur de vous connaître, citoyen, et ne sommes même pas
tentés de nous informer si c'est le Pérou ou non que votre connaissance. Ne faisant
point le commerce de matières d'or, mais quelquefois celui des métalliques réservé pour nos loisirs, nos menus plaisirs, nous sommes bien éloignés de changer
l'état actif de marchands contre l'état passif de prêteurs. Nous nous plaisons dans
le mouvement comme le poisson dans l'eau, l'oiseau dans l'air, la salamandre
dans le feu, l'éléphant sur la terre ; le mouvement est notre élément, un cinquième élément importé des rives de la Tamise sur les bords de la Seine par le
crédit public, le grand importateur des nations, comme Pégase est le portateur
des grands hommes à l'hôpital. Avec l'air nous soufflons le feu : pour amortir son
intensité ou l'éteindre, nous nous servons de l'eau. La terre nous est utile pour
nous tenir d'aplomb sur les jambes quand nous arrivons à la prime ferme ou
qu'il s'agit de donner un coup de collier à la hausse. Quel rapport, quelle coïn-
cidence entre l'inertie de ces fainéans, qui vont deux fois par an au trésor recevoir leur rente, et l'activité de notre métier, dont la bascule est la vraie solution
du problème du mouvement perpétuel, en attendant la prochaine découverte
de la pierre philosophale, l'art de faire de l'or avec des écus de papier ? »

« Citoyen, nous vous prévenons en particulier que vous nous paraissez très
singulier d'offrir au pluriel de notre marché le remboursement de vos emprunts :
votre langage est pour nous de l'alkoran et même d'un dialecte d'hébreu que
nous ne comprenons pas, quoiqu'un peu hébraïques. Que vous soyez un dieu, un
diable ou un mortel plus parfait ou plus imparfait que les autres, vous n'avez rien
à faire avec nous. Si vous êtes venu ici pour espionner et flairer la bouillie qu'on
y fait pour les chats, afin d'en faire part à vos amis et connaissances, vous pouvez contenter vos goûts ; *quære et invenies*. Mais si, poussé par la force centripète,
vous venez tourner ici dans un cercle vicieux comme une pièce d'artifice, nous
emploierons contre vous la force centrifuge et vous dénoncerons au ministère public, en vous qualifiant de perturbateur de la paix publique, sur le marché public
des fonds publics, sous le régime de l'ordre public. »

Le sergent de ville empoignera-t-il le perturbateur ? Le ministère public tra-
duira-t-il devant le tribunal de police correctionnelle ce polisson de citoyen qu'il
n'a pas osé saisir pour crime de faux en écriture authentique, la plus authentique
de toutes les écritures, lorsqu'il donna dernièrement le croc en jambes à la Cour

d'assises, ce renégat qui a renié les jurés ses Pairs de France et qui a soufflé sur la loi pénale pour la vaporiser; cet *Ilbondocadi*, ce nouveau calife de Bagdad qui, en prononçant un seul mot, gratifie le juge d'une fièvre cérébrale, le procureur du roi d'une paralysie linguale, le commissaire de police d'une attaque de nerfs en cassant bras et jambes à la gendarmerie?

Qu'y-a-t-il de commun entre les lois et un citoyen aussi distingué du commun des mortels? Et vous, bonnes gens de la finance, vous osez encore parler de droit commun, et vous n'imitez pas les augures de Rome qui ne pouvaient se regarder sans rire.

Le Gouvernement ne trouvant à qui parler à la Bourse, n'y rencontrant que des marchands qui l'envoient promener, qu'il en ait ou non l'envie, paraissent disposés à le chasser de leur cercle et même a l'assommer, en apportant, toutefois, dans l'opération la plus grande modération possible, *selon l'usage* adopté chez les nations civilisées, se transportera-t-il au domicile des rentiers *placeurs de fonds à intérêt*, en leur disant :

« J'ai emprunté à diverses époques des fonds publics dans vos bourses particulières. Je vous rappelle ces circonstances si vous en avez perdu le souvenir. Je cherche mes prêteurs pour opérer le remboursement de mes emprunts; vous êtes mes prêteurs, ou vous le serez malgré vous. Je n'ai pas de capitaux, je vais m'en procurer. Je ne manquerai pas de procureurs à 4 pour cent, je n'ai qu'à parler. Je trouverai des millions, des milliards, des milliasses. En semant des centimes, il poussera des capitalistes; en semant de la graine de gascon, je ferai pousser de nouveaux prêteurs par centaines, par milliers : je suis le droit commun. Connaissez-vous 1909, 1911, le Code civil? Je vous offre ma bourse et la vie; choisissez. Refusez-vous mon remboursement? Sachez que, possédant tous les droits réunis, je vous frapperai d'une imposition indirecte; c'est un avantage que je prétends vous octroyer. Je vous réduirai. Oui! oui! faibles colombes, je vous plumerai; et si vous ne consentez à ce que j'aie affaire à vous, vous aurez à faire à moi. Je vous plumerai. »

Les rentiers, sans s'effaroucher des singulières paroles de ce singulier citoyen, ne prendront pas leur volée comme un essaim de pigeons ou de passereaux; mais, levant la tête haute, sur la pointe des pieds, ils répondront en lui tenant à peu près ce langage :

« Eh! bonjour, monsieur du Gouvernement, que vous êtes blagueur, embêtant, assommant; sans mentir, si votre plumage ressemble à votre ramage, vous pouvez vous vanter d'être le plus fameux escogriffe et le plus grand original, sans copie, de tous les particuliers citoyens de ce pays.

« Quoi! quoi! quoi! vous parlez de droit commun? Qu'y a-t-il de commun entre vous et nous, citoyen de la plus haute distinction : chez vous tout est distingué. Vos droits distingués ne peuvent être des droits communs. Vos sens étant très distingués, vous n'avez pas le sens commun. Ah! vous avez des droits superbes comme seigneur de ce canton, et n'aurez pas la cinquième gerbe pour récolter votre moisson. »

« Quoi! quoi! quoi! vous prétendez nous plumer. Nous n'avons que cinq plumes, vous en convoitez une. N'avez-vous pas établi le principe de la résistance? Nous l'adoptons, vous ne paierez pas, et nous chanterons en chœur : Tu n'auras pas ma plume, tu n'auras pas ma plume. Sachez que nous ne sommes pas des poules mouillées qui se laissent plumer sans crier.

« Vous avez adopté le principe de la conservation; apprenez que nous sommes les plus tenaces conservateurs des quatre royaumes unis, que nous conserverons nos plumes *unguibus et rostro*; ce sont nos armes, nos fusils, nos canons. La voix intérieure de ta conservation nous crie tout bas : Défends ta plume, défends ta plume. Oui! oui! nos conserverons nos plumes; dussions-nous n'en conserver qu'une, nous la garderions contre vous, comme notre dernière dent, pour vous faire entendre le CRI DES RENTIERS.

« Quoi! vous nous qualifiez de *prêteurs*, nous qui ne vous avons rien prêté. Nous avons *acheté*, il est vrai, de la marchandise que l'on crie tous les jours sur le marché, dans le grand bazar de la place Vivienne, qui a un air de confraternité avec l'église dédiée à sainte Magdeleine, où l'on voit réunis des visages de toutes les nations, qui font toute espèce de commerce, depuis le chiffon de papier jusqu'au vénérable lingot d'or, de deux heures à cinq, de l'après-midi et de l'avant-dîner. Vous faites une étrange confusion. De quel pays êtes-vous? D'où venez-vous? De la Chine, du Japon, de la Terre-de-Feu, du Monomotapa? Un bazar ne fut, n'est et ne sera jamais un mont-de-piété; vos raisonnements font vraiment pitié.

« Un bazar n'étant point une maison de prêt, nous n'avons fait ni emprunt ni prêt, c'est clair comme le jour, beaucoup plus clair que votre droit commun qui n'a pas le sens commun. Vous êtes très assurément un singulier citoyen. Comment? vous êtes grand comme père et mère, et vous avez vécu jusqu'à ce jour pour ignorer qu'*acheter* n'est pas *prêter*.

« Nous sommes acquéreurs d'une marchandise achetée au bazar; nous avons enlevé son étiquette, son enveloppe, en la déballant à notre domicile. L'ayant convertie en revenu, nous le recevons à la fin de chaque semestre. Vous nous offrez la restitution de 100 fr. que nous avons prêtés à 5 du cent, parce que, dites-vous, votre rente étant une constituée, vous usez du droit des constituants qui vous est conféré par l'art. 1911; la rente constituée en perpétuel est essentiellement rachetable, nous ne comprenons rien à tout ce galimathias.

« Nous ne sommes ni légistes ni jurisconsultes. Qu'elle soit rachetable ou non, peu nous importe. Auriez-vous l'intention de venir à notre domicile faire un petit cours de législation civile? avez-vous créé des rentes constituées en perpétuel? avez-vous de l'argent? rachetez-les. Nous savons que vous avez fabriqué une pacotille de marchandise vendue à l'enchère, que vos acquéreurs ont colportée et colportent dans le grand bazar, le seul marché de marchandises; allez au bazar racheter ce que vous avez vendu : ce n'est qu'au bazar que vous pouvez les rencontrer, car il n'est pas probable que les détenteurs de vos papiers soient assez ingénus, assez innocents, pour les vendre à l'épicier et au débitant de tabac ou à la halle au beurre, aux fromages, aux poissons, aux poirées, pour envelopper des comestibles; cette émission de papiers ferait singulièrement renchérir les *denrées* dont les prix pourraient s'élever aux pairs de votre rente. »

« Quoi ! quoi ! vous vous obstinez à reconnaître votre pacotille dans nos rentes ! C'est faux, nous les avons achetées à divers prix : 60, 70, 80, 90, 95, 105, 106, 108 ; donc nos rentes ne sont pas des rentes constituées au prix fixe de 100 fr., ou de 5 pour 100; nous avons placé nos fonds à 9, 8, 7, 6, pour 100 et moins de 5 pour 100, en achetant au-dessous et au-dessus de votre pair; point de remboursement.

« Quoi ! vous nous menacez sur notre refus de remboursement et de reconnaître vos pairs 100, de nous traiter à la turque, et de convertir nos 5 fr. en 4, en prétendant que vous avez le droit de faire une conversion! Nous nions votre droit de conversion en niant votre droit de remboursement. Supposons que ces rentes que vous croyez reconnaître avoir été vendues par vous dans les ateliers du ministre des finances soient susceptibles de subir une conversion, nous vous ferons observer que la conversion étant faite, il n'y a plus de conversion à faire. En retirant la marchandise du marché, en lui enlevant son enveloppe, son étiquette, la marchandise a été convertie en revenu, la seule conversion possible, et nous vous prions de faire une petite conversion du côté de votre logis, la seule conversion qui vous reste à faire hors de votre domicile : chez nous, point de remboursement, point de conversion. »

Pour sortir de ces embarras nos financiers répliqueront-ils : « Eh bien ! soit, nos rentes ne sont point des *rentes constituées* ni des *intérêts conventionnels. Nous* avons *vendu* des annuités perpétuelles, dites *rentes*, qui s'achètent, se vendent, se rachètent, se revendent ; c'est un fait notoire que nous ne voulons plus contester. »

Alors ces opérations auraient été traitées sous l'empire de l'art.1582 du Code civil : « La vente est une convention par laquelle l'un s'oblige *à livrer* une chose, et l'autre à la payer; » et de l'art. 1635 : « Le vendeur doit la *garantie de la* POSSESSION PAISIBLE de la chose vendue. »

Les acquéreurs primitifs ou les cessionnaires sont autorisés par la loi à exiger la *garantie de la possession paisible de la chose vendue*, et réclament l'application de l'art. 1156 : « On doit, dans la convention, rechercher quelle a été la commune intention des parties. »

Les termes *cinq pour* 100 qu'il a plu à nos financiers de *glisser* dans les annuités perpétuelles ne signifient rien , et sont un non-sens dans une *obligation d'intérêt;* ils figurent dans ces obligations comme les termes valeur en marchandises, valeur reçue comptant, valeur pour solde , qui, dans les *obligations de capital*, ne dénaturent pas l'obligation, ne changent pas la somme à payer, l'époque du paiement; 5 pour 100 ne dénaturent pas la perpétuité, et ne caractérisent pas des rentes constituées. Si vous apposez l'étiquette *poison* sur un flacon *d'elixir de longue vie*, l'étiquette ne changera pas la nature et la vertu de cet élixir, que nos financiers, nos ministres, nos députés, boiront toujours avec un nouveau plaisir, sans crainte de s'empoisonner, pour conserver leur longévité sociale ou politique.

La convention, le procès-verbal d'adjudication, attestent que la rente a vendue comme marchandise ; que les parties contractantes ne pouvaient ignorer qu'une seule rente de 5 fr., vendue 73, n'était pas le 5 pour 100 du prix d'achat, déboursé, encaissé ; que le vendeur, trésorier de l'Etat, ne recevant et ne pouvant recevoir, *natura rerum*, que des tributs pour couvrir des dépenses connues, ne vendait des rentes *que pour suppléer à l'insuffisance de ces tributs ;* que, par conséquent, il ne pouvait devenir détenteur de capitaux, et que, par cette raison, il vendait non pas des obligations de rente à *terme*, mais à *perpétuité ;* que ces rentes étaient achetées par des marchands en gros qui se chargeaient de revendre en détail sur le marché public, sur lequel les rentes devaient être perpétuellement rachetées, revendues ; que, prévoyant le cas où il pourrait recevoir des excédants de recettes sur les dépenses, il aurait la possibilité de destiner cet excédant au retrait partiel de ses rentes qu'il était certain de retrouver en partie sur le marché, et qu'il n'y rachèterait qu'au cours ; que les acquéreurs connaissaient les ressources, les intentions, la position *spéciale* du vendeur qui n'avait à sa disposition aucun moyen *réel* de remboursement. Le sens littéral *cinq pour* 100 ne détruit pas la commune intention des parties et leur position respective.

Répondra-t-on : Nous avons vendu la chose avec faculté de *réméré* sur la chose, et de *remittere* sur le prix de la chose ?

Le procès-verbal d'adjudication, d'après la position respective des parties, publiquement connue, ne pouvait réserver cette faculté, ni à l'une ni à l'autre, toutes deux étant dans l'impossibilité d'exercer un jour à une époque quelconque, l'une ou l'autre faculté.

Art. 1659. « La faculté de *rachat* n'existe qu'en vertu d'un pacte par lequel le vendeur se réserve de reprendre la chose vendue moyennant la restitution du PRIX PRINCIPAL. »

Vous n'avez pas fait cette réserve en consentant à la transmission *indéfinie perpétuelle*, une époque rémératoire n'a point été fixée, prévue ou probable ; pour offrir le prix principal de 73 fr., comment exercerez-vous partiellement cette faculté contre les détenteurs qui ont acheté au-dessous ou au-dessus de 73, au-dessous ou au-dessus de votre prix estimatif de 100, mise à prix *sous-enchérie* à 73, par dégringolade, dépréciation, DISCRÉDIT ?

N'ayant pu invoquer le bénéfice de l'art. 1659, qui vous aurait autorisé à forcer vos acquéreurs à recevoir le *prix principal de vente*, parce que la transmission indéfinie et le cours variable de la marchandise auraient paralysé le *rachat légal*, vous avez manifesté authentiquement l'intention, la volonté de racheter votre marchandise sur le marché public ; vous trouvant dans l'impossibilité de racheter à domicile, vous avez reconnu publiquement cet impossibilité du RACHAT FORCÉ.

Pour atteindre votre but de *rachat facultatif à l'amiable*, vous avez créé avec chaque partie de marchandise rente, un *fonds spécial* déterminé, bien défini, à raison de 1 pour 100, sur le prix estimatif, votre pair de 100, vous lui avez donné la dénomination spéciale de FONDS D'AMORTISSEMENTS.

En principe, un fonds d'amortissement n'est pas destiné à l'extinction *d'un capital*, mais à l'extinction d'une rente, d'un intérêt *rachetable*.

Dans une obligation de rente, la *rente* est le principal, la cause ; le capital est la conséquence, l'effet ; dans une obligation de capital, le capital est le principal, la cause ; la rente est la conséquence, l'effet : on anéantit un *capital-dette* par le *remboursement*. Le remboursement détruisant le capital-cause, détruit la rente-effet ; on anéantit une rente par l'amortissement subit, graduel, régulier ou irrégulier ; en détruisant la rente-cause, on détruit le capital-effet.

Dans une obligation de capital ne stipulant pas d'intérêt, la rente est inexigible, le capital est remboursable à l'époque convenue dans l'obligation d'intérêt, l'intérêt est payable à l'époque convenue, le capital est remboursabe au moment de l'extinction de la rente, le capital renaît des cendres de la rente.

Dans la rente perpétuelle, le capital étant en quelque sorte fictif, idéal, l'obligé de la rente perpétuelle est débiteur d'une *rente* et n'est pas débiteur du *capital*, sauf le droit plus ou moins éventuel de réméré qui laisse au débiteur un caractère d'emprunteur revêtu des formes qui caractérisent le vendeur ; car un emprunteur rembourse et ne rachète pas son emprunt, mais un vendeur rachète ce qu'il a vendu à son acheteur ; point de racheteur sans acheteur, point d'acheteur sans vente ; c'est ainsi que l'a entendu le législateur ; prouvez-moi le contraire.

Étant dans l'impuissance d'exercer un *droit exceptionnel* de RACHAT FORCÉ ou de REMBOURSEMENT FORCÉ *natura rerum*, d'après votre pacte, votre procès-verbal d'adjudication, il vous reste la *faculté* commune à tous, comme simple racheteur, de racheter sur le marché public, en concurrence avec tous, des annuités perpétuelles qui n'étant que des obligations de rente et non pas des obligations de capital, sont *rachetables*, AMORTISSABLES par votre *amortissement spécialement*, exclusivement consacré à un rachat de rentes et non à un *remboursement* d'un capital, qui n'est pas remboursable *natura rerum*.

Cinq pour cent n'indiquent pas que vous avez manifesté l'intention de rembourser le capital quand il vous plaira, ou quand même..., ou en l'an de grâce 1838. Vos intentions ne sont pas nettement mentionnées, alors je vous appliquerai victorieusement l'art. 1602 : « Le vendeur est tenu d'expliquer *clairement* ce à quoi il s'oblige, tout pacte *obscur* ou AMBIGU s'interprète CONTRE le VENDEUR. »

Vous n'avez expliqué clairement que l'obligation d'amortir au moyen d'un fonds spécial, obligation tellement authentique qu'elle a été publiquement validée par le vote de la législature. La loi autorise vos acquéreurs ou cessionnaires à interpréter le pacte obscur et ambigu contre vous ; interpréter contre vous, c'est interpréter *contre* le DROIT de rembourser, que vous voulez usurper, dont la conséquence *ambiguë* serait la RÉDUCTION.

Les mots cinq pour cent sont le pivot de votre prétendu droit ; posez un principe vrai pour en tirer une vraie conséquence : définissons point d'obscurité, point d'ambiguïté ; la loi les défend.

Pour connaître la signification de ces termes dans des obligations de rente, marchandise rente, qui ne se vend et ne s'achète qu'au marché, et non ailleurs, ce n'est pas à des experts-vérificateurs-financiers, mais à des négociants, com-

merçants marchands de marchandise, qu'il faudrait soumettre la question d'a-
près l'usage qui fait loi dans le commerce.

Votre marchandise est vendue 105, 106, 108 le cent sous; les négociants em-
ploient aussi ces termes, 105, 106, 108 fr. le cent; vous dites 108 le cent sous
5 pour 100, les négociants disent 108 le cent, 5 pour 100, 4 pour 100, 3 pour 100.
Mais ils expriment sans ambiguïté ce qu'ils entendent, ce qu'ils veulent, ce qu'ils
accordent, ou ce qu'ils réclament. 5 pour 100, 4 pour 100, 3 pour 100, d'es-
compte ou de remise sur le prix sur 108 fr., ou bien 5 pour 100, 4 pour 100, 3
pour 100, sur le poids de 100; bonification, réfraction, ou tare, ou bon poids,
une plus value à déduire sur le prix ou sur le poids, qui dans les deux cas réduit
le prix de 108.

J'interprète contre vous en disant : 5 pour 100 de remise sur 108 fr. le cent
sous, ou 103 le cent sous. 5 pour cent de réfraction ou boni sur 100 sous, ou
108 fr. les 95 sous, les 4 fr. 75 c., prouvez-moi le contraire.

Comme il s'agit d'une interprétation, d'une définition de mots, il serait plus
sage de consulter *in extremis* l'autorité compétente, les *quarante* de l'Académie
française qui ont de l'esprit comme quatre financiers, en priant le conseil des
quatre plus zéro d'insérer dans une nouvelle édition du dictionnaire, ce petit
article.

« CINQ POUR CENT, constitution de rente *perpétuelle* de l'État, remboursable
selon la volonté du débiteur, synonyme de CENT POUR CINQ. »

L'organe du Gouvernement en 1816, après l'occupation étrangère qui char-
geait la France de 1500 millions de subsides, présenta le *système de finances* que
le nouveau Gouvernement se proposait d'adopter.

C'est depuis cette époque qu'ont été faits les prétendus emprunts et que le prétendu crédit public a été fondé, dit-on.

Ce document prouve que le Gouvernement *fondateur* n'a entendu se libérer
qu'au moyen de fonds d'amortissement, exigé des contribuables à raison de 1 du
100 du capital fictif dénommé pair, et c'est pour arriver à cette libération qu'il a
déclaré qu'il fallait *doubler* ce fonds et le *renforcer* par la vente des bois de l'Etat.

Toutes les émissions de rentes autorisées par les deux chambres étaient accom-
pagnées du vote et de l'autorisation du prélèvement du 1 pour cent.

Les rembourseurs réducteurs n'ont pas réfléchi que cette déclaration du Gouvernement et les votes successifs des Chambres pour chaque émission n'étaient
que la conséquence du principe adopté par les financiers chiffreurs, disciples de la
vieille école britannique, qui prétendent qu'avec 1 pour 100 d'amortissement, plus
l'intérêt éteint ajouté chaque année à ce fonds, ou éteignant une dette, *chaque
émission de rentes*, en trente-six ou quarante ans, et que 5 millions de rentes, ac-
compagnées de 1 million d'amortissement, seraient éteints en trente-six ou quarante ans.

Le Gouvernement représentant l'Etat a, dit-on, comme *tous les citoyens*, intérêt
à se libérer, à se liquider. Son fonds d'amortissement, exceptionnellement, a été
créé pour atteindre ce but, par des moyens *exceptionnels* que ne peuvent employer
communément les citoyens qui, par des causes quelconques, pouvant devenir capi-

talistes, *remboursent* et *n'amortissent pas*. Ils remboursent en vertu du *droit commun* et le Gouvernement assurtit par *droit exceptionnel*.

Il est évident que, d'après la doctrine de nos financiers (fausse et erronée), le Gouvernement en s'endettant par *le mode politique* d'emprunt, sait d'avance ou *croit savoir* qu'il sera libéré de la dette qu'il vient de contracter, en trente-six ou quarante ans.

C'est donc à tort que les rembourseurs réducteurs ont prétendu qu'un Gouvernement ne pouvait pas être condamné à rester constamment *endetté*, condamnation que les lois ne font pas peser sur les citoyens, et qu'il avait le droit de *rembourser*.

DROIT PUBLIC, DROIT EXCEPTIONNEL.

Un prêteur est propriétaire d'un capital. Il prête ce capital à des conditions convenues, en fixant une époque de restitution, ou en s'interdisant le droit de l'exiger en échange d'une constitution de rente.

Le prêt d'une chose est le louage de la chose ; le locateur la livre, moyennant un prix de louage stipulé au contrat. Le prêteur d'une somme d'argent (l'argent étant meuble) prête son argent pour un prix de location annuelle nommé intérêt, prix de l'usage de la chose.

Art. 1905. « Il est permis de stipuler des intérêts pour simple prêt, soit d'argent, soit de *denrées, ou autres choses mobilières*. »

Le locataire (emprunteur) s'engage à restituer la chose à l'époque déterminée ; le prêteur redevient possesseur de la chose, sans avoir cessé d'en être propriétaire par l'effet de la locomobilité du meuble, dont le locataire emprunteur n'a que temporairement la détention.

Le Gouvernement n'a pas reçu un capital fixe à loyer, moyennant un prix de location pour l'usage du meuble ; il n'était pas engagé à la restitution de la chose louée, à lui livrée, dont il devenait propriétaire exclusif, parce qu'il ne recevait pas une chose louée. Il n'en était pas le locataire temporaire ou perpétuel.

Il a vendu une chose, les acquéreurs de l'objet vendu n'ont pas livré un capital à la charge de leur payer *un prix annuel de location*, car ils n'auraient pas cessé d'être propriétaires de la chose louée, *restituable* de droit en bon et dû état, restituable en nature, en somme égale, argent monnoyé, cours du jour, la chose louée étant un *capital* monétaire.

Aucune époque de restitution n'a été indiquée, parce qu'il n'y avait pas lieu à restitution, l'opération ayant été consommée par échange, c'est-à-dire commercialement.

Il s'est opéré une permutation de propriété, l'acquéreur a cessé d'être pour toujours propriétaire, sans droit de REMITTERE sur son capital, le vendeur a cessé d'être propriétaire de la chose vendue , sans droit de RÉMÉRÉ.

Le déplacement par échange est devenu translatif ; le vendeur n'a rien à demander à l'acquéreur, à ses héritiers ou cessionnaires du meuble ; l'acquéreur ni ses cessionnaires n'ont rien à réclamer du vendeur qui, sans droit de réméré, ne peut réclamer la chose ou offrir le prix de la chose à des détenteurs qui, exerçant le droit de propriété sur la chose, refusent de la vendre au vendeur primitif, offrant de la racheter à l'acheteur ou à son cessionnaire, lequel exerce sur la chose le droit de son cédant.

Le Gouvernement n'était pas emprunteur, mais vendeur. Les adjudicataires de ses ventes, à la surenchère, au plus offrant, n'étaient pas des prêteurs, *ne pouvant* NOTOIREMENT *prêter ce qu'ils ne possédaient pas.* Ils n'étaient que des spéculateurs; *on ne spécule pas sur un* INTÉRÊT.

Des spéculateurs spéculent sur des BÉNÉFICES *indéterminés;* des prêteurs placent à intérêt fixe, loyer de l'usage du capital, et ne placent pas leurs fonds à bénéfice, intérêt indéterminé; des prêteurs n'étant pas spéculateurs, des spéculateurs n'étant pas des prêteurs, la maxime de Phèdre ne leur est pas alternativement applicable, *mutato nomine de te fabula narratur.*

Le prêteur n'ayant entendu courir aucune chance de profits, ne doit courir aucune chance de perte dans le louage du capital; le spéculateur, en courant les chances de profits extensibles, son but unique doit, par compensation, courir les chances quelconques de pertes; il achète à périls et risques en s'exposant au chances compensatives et alternatives de se ruiner, de s'enrichir, ou de reste dans le *statu quo ante speculationem.*

Le Gouvernement vend une masse d'obligations, annuités perpétuelles, qui n sont pas des obligations de capital, en les transformant en marchandise *ipsi su generis,* qui ne peut être achetée que sur le marché public au cours, comme toute les autres marchandises; il emploie, pour faire arriver des fonds dans sa caisse UN MODE *différent du mode civil.*

Un citoyen de l'Etat par le *mode civil* demande un capital de 100,100 fr. a propriétaire d'un capital de 100,000 fr. et ne propose pas son emprunt au déten teur de 10, 20, 30,000 fr. Il reçoit le capital après avoir stipulé dans le contra un intérêt déterminé, à terme ou à perpétuité, en offrant les garanties de paie ment convenables au prêteur à perpétuité le capitaliste échange son capit contre l'obligation de rente, et le débiteur échange son obligation contre le capital le capitaliste n'est plus réellement un prêteur de droit et de fait. Mais le débite conserve son caractère d'emprunteur, le prêt étant restituable à une époque indé terminée, déterminée par la volonté du débiteur, autorisé par le droit commun exercer la faculté de rachat de la chose *achetée* par le prêteur devenu acquére sans droit de *remittere;* le débiteur n'ayant pas été dépouillé du droit de *rémér* Cette opération conserve son caractère de *prêt et d'emprunt,* parce que le législ teur, en adoptant le principe *que tout* CITOYEN *a intérêt à se libérer* quand il peut, à *s'affranchir d'une dette,* a pensé, a compris qu'un citoyen, emprunteur perpétuité, par le secours des héritages et donations ou des opérations comme ciales et spéculatives, pouvait, à une époque quelconque, devenir capitaliste (l ou ses héritiers). Il a donc consacré le droit perpétuel de *rachat* sur la chose *ach* tée par le prêteur *acquéreur.*

La transmission des obligations de l'Etat, offre-t-elle ce caractère *d'emprunt et de prêt ?*

Non, l'Etat n'a pas emprunté, ne s'étant pas adressé à des *prêteurs*. L'Etat ne pouvant devenir propriétaire de capitaux par héritages, opérations commerciales et spéculatives, puisque son régisseur ne reçoit que des tributs pour couvrir les dépenses administratives, il n'est donc pas dans le cas prévu par le droit commun.

Le Gouvernement n'est pas chargé de payer les intérêts de la dette publique selon l'opinion erronée de nos financiers, car l'Etat doit une RENTE-DETTE PUBLIQUE, et non pas un CAPITAL-DETTE PUBLIQUE.

C'est le paiement de cette RENTE-DETTE, qui est garanti par la loi des lois.

On rembourse une *obligation de capital*, on ne l'éteint pas, on ne l'amortit pas ; mais on éteint on amortit, une obligation de rente perpétuelle par le rachat. Un rachat est la conséquence de la préexistence d'une vente et d'un achat ; on n'achète pas un prêt, un emprunt, donc, on ne rachète pas un prêt, un emprunt ; on achète une chose qui peut être vendue et rachetée par quiconque, à un prix conventionnellement respectif, et non pas à prix fixe idéal, fictif, nommé pair de France, à l'imitation des *pairs* d'Angleterre, par nos financiers, disciples de la vieille école britannique, laquelle, faisant abnégation du calcul rationnel, a pratiqué le calcul amphigourique, recélant *l'art de grouper les chiffres* en prétendant enseigner *l'art de s'endetter pour s'enrichir*, couvert jusqu'à ce jour d'un voile nébuleux au travers duquel on a aperçu un budget de 1,500 millions, dont les deux tiers sont absorbés par la dette publique figurant à côté du chiffre d'une énorme taxe *pour les pauvres* enrichis par l'art de s'endetter.

Le Gouvernement, pour se procurer, encaisser des capitaux, n'a pas eu recours au *mode civil*, comme les citoyens régis par le Code civil, mais à des moyens *exceptionnels* en dehors du droit commun, à un MODE POLITIQUE pour faire des EMPRUNTS POLITIQUES *sans prêteurs*, mode auquel les citoyens ne peuvent recourir *naturâ rerum*, mode que lui seul peut employer *exceptionnellement*. N'étant pas un mandataire, un régisseur, comme les citoyens mandataires-régisseurs, pour compte d'autrui, il peut, hors du droit commun, employer le droit et la raison du plus fort, *ultima ratio regum et reipublicæ*, ainsi que le prouvent l'expérience et l'histoire financière de nos monarchies et de nos républiques.

L'emprunt civil et le mode civil sont du domaine du droit commun ; l'emprunt politique et le mode politique sont de *droit exceptionnel*, tellement exceptionnel, que les législateurs ont compris en 1814 et 1830 la nécessité d'exprimer *exceptionnellement* L'INVIOLABILITÉ DE LA DETTE PUBLIQUE, article 70 de 1814, article 61 de la Charte 1830, Code politique, déclaration d'inviolabilité inutile en présence du Code civil qui garantit les dettes, les créances des citoyens, en prêtant aux créanciers l'appui judiciaire et la force publique, le droit du plus fort LÉGALISÉ.

Si le Gouvernement était sous l'empire du droit commun, quelle garantie l'Etat individualisé dans le Gouvernement présenterait-t-il à ses créanciers, lui qui dispose de la force publique, et peut paralyser l'action de l'autorité judiciaire pour détruire la garantie ?

Le Code politique régit donc les dettes et les engagements de l'Etat de toute espèce, légalement contractés, afin d'obliger légalement l'Etat et son régisseur.

La DETTE *publique* est garantie par le Code politique, comme les dettes particulières sont garanties par le Code civil et le Code d'instruction.

Indépendamment de la garantie légale du droit commun, les citoyens-créanciers ont des garanties de paiement mobilières ou immobilières, ou des garanties conventionnelles dans la solvabilité du débiteur, acceptée par le créancier facultativement.

Indépendamment de la garantie du Code politique, si vous placez le Gouvernement et les créanciers de l'Etat dans le droit commun, les propriétés de l'Etat seront la garantie de la dette, propriétés de l'association politique (l'Etat débiteur), dont les membres ne sont point solidaires.

S'ils étaient réputés solidaires, comme l'association ne doit pas un *capital-dette* remboursable ou déboursable, mais une *rente-dette;* les tributs-cotisations des membres de l'association, seraient la garantie, non pas du remboursement du capital, car un capital est remboursé par un capital, mais des *rentes publiques*, payées par des *revenus publics*, qui se renouvellent comme les paiements des rentes, annuités perpétuelles, chaque année, les charges et dépenses publiques étant perpétuelles jusqu'à l'époque inconnue de la dissolution de l'association politique; et remarquez que cette dissolution entraînerait la dette publique dans la catastrophe qui détruirait toutes garanties de paiement, et les *moyens de paiement.*

La Charte, art. 3, veut que tous les associés politiques supportent les charges publiques; « ils (les Français), contribuent indistinctement dans la proportion de leur fortune aux charges publiques. »

Les charges publiques se divisent en deux parties distinctes : le paiement de la *dette-rente* de l'association, et les dépenses de l'administration générale de cette association.

La dette publique est garantie : par quoi ? est-ce par des paroles législatives, par des billets à la Charte, par des serments ? est-ce par la maxime *verba volant, scriptæ manent?* Les écrits ne sont-ils pas des feuilles de papier? l'expérience leur applique l'adage, autant en emporte le vent. *Verba volant, scriptæ volant, jures volant.* Eh ! bon Dieu ! tout vole dans le monde politique.

Cette garantie, qui n'est pas indiquée par la loi des lois, ne peut être illusoire; elle ne se trouve évidemment que dans l'hypothèque légale qui pèse sur les propriétés de l'Etat, et *à priori* dans les tributs-cotisations de l'association destinés au paiement des charges publiques qui comprennent la rente-dette publique.

Les garanties de la Charte n'étant pas et ne pouvant être illusoires, les créancies-rentiers ont un recours légal sur les domaines de l'Etat, propriété de l'association politique, *être collectif,* soit qu'ils se trouvent régis par le droit politique ou par le droit civil,

Le législateur civil ayant compris qu'une *rente perpétuelle* était d'une nature particulière et d'une plus longue durée que la longévité humaine, serait
garantie par un gage plus ou moins perpétuel, n'a pas oublié de législater ces
garanties au chapitre hypothécaire.

Cette prévision, cette intention du législateur surgit du *chap.* PRÊT A
INTÉRÊT.

Art. 1912. « Le débiteur d'une rente constituée en perpétuel peut être con-
traint au rachat, 1° s'il cesse de remplir ses obligations pendant deux ans;
2° s'il manque de fournir au prêteur les SURETÉS promises par le contrat. »

Le créancier privilégié, en cas de faillite du débiteur (ou son concession-
naire) y est autorisé à exiger le paiement du capital à raison de 100 fr., pour
5, 4 ou 3 de rente, au taux constitué, stipulé dans le contrat; dans ce cas,
il exerce sur le capital un droit de *remittere* qu'il n'avait pas et que l'exception
lui accorde, qui était réservé uniquement au débiteur; il rachète son capital en
l'échangeant contre l'obligation de rente dont il est détenteur, dont la propriété
n'était pas perpétuelle eu égard au droit de *réméré*, réservé au vendeur, con-
servant le caractère d'emprunteur.

Les créanciers de l'Etat, sous l'empire du droit politique exceptionnel, si
leur rente, inviolablement garantie, n'était pas payée, diraient : Vous avez pris
l'engagement de nous payer annuellement 5 francs, il est inviolable, et violé,
si vous payez 4 fr. 95 cent.; vous n'êtes pas solvable, vos propriétés le sont en
tout ou en partie; nous invoquons le droit commun et le bénéfice de l'article
1913 : « Le capital de la rente constituée devient aussi exigible en cas de faillite ou de déconfiture du débiteur. »

Le Gouvernement feindra-t-il une déconfiture, une faillite au paiement de la
rente, pour rendre le capital exigible.

En supposant possible cette impossibilité, les créanciers seraient demandeurs
forcés et non pas receveurs *forcés* du remboursement qui ne pourrait être exigé
que sur les propriétés de l'Etat, le gouverneur n'étant pas débiteur, mais
régisseur du débiteur.

Dans cette hypothèse, le régisseur, au nom du débiteur, serait inhabile à
offrir ce remboursement; on conçoit que quiconque ne peut pas payer une
rente, un intérêt, loyer d'un capital, est à *fortiori* impuissant pour payer le
capital de la rente. L'axiome qui ne peut pas moins peut plus n'existe pas
en opposition à l'axiome qui peut plus peut moins; à moins qu'on invoque
la maxime de M. Vautour : *Quand on n'a pas le moyen de payer son loyer,*
il faut avoir une maison à SOI. Ce qui signifie dans la langue politique, d'après
le dictionnaire des 219 de 1830, qui avaient de l'esprit comme quatre 159,
quand on n'a pas le moyen de payer une dette rente perpétuelle, il faut avoir
un capital à SOI. Je vous en souhaite au renouvellement de l'an de grâce 1838.
Deux petits milliards sont plus faciles à souhaiter qu'à trouver, à emprunter à
des prêteurs qui s'interdiront de les exiger en remboursement.

Le droit commun accorde aux créanciers de l'Etat, comme citoyens, tous les
bénéfices du Code civil, qu'ils ont le droit de réclamer, en vertu de la Charte,

art. 59 : « Le Code civil et les lois actuellement existantes, *qui ne sont pas contraires* à la présente restent en vigueur jusqu'à ce qu'il y soit légalement dérogé. »

Mais les créanciers ne peuvent jouir de ces avantages, vu leur *position exceptionnelle*, qui ne leur permet pas de réclamer l'appui de l'autorité judiciaire et le secours de la force publique *contre leur débiteur*, singulier citoyen.

Que feront-ils donc ? Invoqueront-ils la dangereuse maxime contre le droit du plus fort, l'insurrection est le plus saint des devoirs ? Invoqueront-ils légalement l'égide de l'art. 66 du Code politique, puisqu'ils sont hors du droit commun : « La présente Charte et tous les droits (et garanties) qu'elle consacre, demeurent confiés au patriotisme et au courage des gardes nationales et de tous les citoyens ? »

Mais les rentiers composent une faible minorité contre une immense majorité ; leurs intérêts respectifs sont distincts, en opposition évidente. Leurs défenseurs naturels *profiteraient de leurs pertes*.

Je crois avoir démontré que l'état normal des créanciers à l'égard du Gouvernement et du Gouvernement à l'égard des rentiers, exclut le droit civil ; et, comme vous n'avez pas, financiers, le droit d'exercer votre prétendu droit, je vous engage à réduire des cinq cinquièmes vos prétentions ; au lieu de convertir les autres ; daignez vous convertir vous-mêmes.

Je souhaite qu'un rayon de lumière descende de la voûte azurée, pour vous éclairer, vous servir de flambeau dans le dédale du système du crédit public où vous êtes enfoncés....., financiers....., et que le bon Dieu vous bénisse !

MAXIMUM

QUATRE CINQUIÈMES CONSOLIDÉS.

Supposons que le Gouvernement, s'arrogeant un droit qu'il n'a pas, ayant recours à l'agiotage et non au crédit public, selon le style de la finance de bourse qui n'est pas la *finance d'État*, se procure des capitaux pour faire sa grande opération.

Il se présentera sur le marché public, et dira : Combien vaut la marchandise ? Les marchands répondront : 107, citoyen.— 107, c'est le cours du jour. Je n'en donne que 100, c'est mon prix. — Impossible, citoyen, impossible. Le marché aux rentes n'est point une poissonnerie, si ce n'est le premier d'avril ; on ne surfait point ici. Nous sommes des gagne-petits ; elle nous coûte 106 fr. 75 c. : nous venons d'en vendre une partie de 10 milliers à ce prix. Regardez-la bien, elle est très parfaitement conditionnée, magnifique et pas chère ; elle vaut 150 fr. comme un liard. Elle devient rare, le fabricant ne travaille plus ; ses ateliers sont fermés ; on ne peut plus s'en procurer que chez nous. Remarquez bien que ce n'est que de l'occasion, du bric-à-brac. Si el était neuve , nous ne pourrions pas vous la donner à moins de 74 fr. , l'ayant achetée à 73. Profitez de l'occasion, croyez-nous. Si nous la lâchons à 43 au-dessous de son véritable prix de 150 , ce n'est que pour cause de changement de domicile , de fin de bail et de cessation de commerce ; c'est la banqueroute, c'est la déroute ; profitez-en : il n'y en aura pas pour tout le monde.—J'en offre 100 fr. , elle ne vaut que 100 fr. Je sais qu'on en a fabriqué à 57 et 60 d'une qualité absolument semblable. Vous êtes des Arabes ; vous voulez trop gagner, et surtout pour de l'occasion que je consens à acheter plus cher que le neuf. Prenez-moi au mot , croyez-moi , je vous donne un conseil d'ami, de véritable ami, quoique vous me soyez inconnus. Demain il serait trop tard…. et…. et vous pourrez vous en mordre les pouces , entendez-vous ça ? comprenez-vous ça ? — 107, voilà notre dernier mot , à prendre ou à laisser. — Je ne paierai que 100 ; je la veux, oui, je la veux à ce prix ; je la prends à 100 , je rafle tout à 100 ; c'est mon TARIF.—Je la veux… Je prends tout… je rafle tout… c'est mon tarif… Quels sont vos droits pour nous parler ainsi ? vos droits sont-ils :

> Les droits qu'un esprit fort et ferme en ses desseins
> Exerce sur l'esprit des vulgaires humains ?

Fussiez-vous un esprit, un génie, ou un fort de la halle , nous avons l'hon-neur de vous prévenir que des gens de distinction comme nous, ne sont point des vulgaires humains. — Eh ! mon Dieu ! non ! je ne suis point un esprit, pas même un $3/6$, mais un $4/5$ de cinq pour 100 ; un fort plus qu'herculéen, qui entreprend publiquement des travaux plus pyramidaux que ceux du fils d'Al-cide. Voyez en moi une locomotive de la force de cinquante mille chevaux, qui peut, sans chemin de fer et sans wagons , remorquer jusqu'ici cinquante mille hommes avec selles et trompettes , l'un portant l'autre. Je ne m'occupe pas du soin de vider les étables d'Augias , mais j'élève des colonnes et j'enlève un obélisque avec une étonnante facilité ; *à fortiori*, je puis enlever votre mar-chandise qui ne pèse pas deux onces, à mon tarif de 100. Sentez-vous ma force ? Eh bien ! dedans est mon droit. Enfoncés les marchands de fonds publics. Fonds de commerce à vendre sans marchandises , pour cause de pa-ralysie.

En accaparant sur le marché et à domicile au prix du marché tarifé au rabais de 100 fr., son prix fixe, son *pair*, le Gouvernement n'exercerait pas un *droit légal*, mais le *droit du plus fort*, le MAXIMUM DE LA MARCHAN-DISE-RENTE.

Exerçant son prétendu droit, dira-t-il : Si vous refusez le remboursement, je vous réduirai. Je vous délivrerai une rente de 4, en échange d'une rente de 5 ; je renonce au MAXIMUM, en faisant une petite banqueroute du *cinquième* ; je consoliderai ces quatre cinquièmes, et vous aurez du QUATRE CINQUIÈME CON-SOLIDÉ.

Vainement les rentiers invoqueraient l'art. 1635, qui garantit la possession paisible de la chose vendue ; l'art. 1603 qui leur garantit 5 fr. pour 5 fr., l'art. 61 de la Charte qui garantit la RENTE-DETTE PUBLIQUE, l'art. 66 qui place leurs droits (leur garantie) sous la protection des gardes nationales du royaume ; ils ploieraient donc sous le joug imposé par le droit du plus fort, et diraient alors :

« On a déconsolidé les *trois tiers consolidés*, pour constituer un *tiers consolidé ;* on a déconstitué les *cinq cinquièmes consolidés*, pour constituer un QUATRE CIN- QUIÈME CONSOLIDÉ ; qui nous garantira, malgré les garanties de la Charte et les serments des législateurs, qu'on ne déconsolidera pas nos *quatre cinquièmes consolidés*, restes des cinq pour 100 consolidés, pour reconstituer avec les débris de tous ces consolidés si mal *consolidés*, un trois ou un deux pour 100 consolidés ? Nous commençons à ouvrir les yeux, à nous apercevoir que le fameux système du crédit public n'aura d'autre résultat que la DECONSOLIDATION DES CONSOLIDATIONS, la BANQUEROUTE. »

Vouant aux gémonies et à toutes les divinités infernales connues et incon- nues, le désastreux système du crédit public, ils s'écrieront avec le bon Lafon- taine, ce grand moraliste du 17ᵉ siècle :

> Eh ! voilà comme dans tous les temps,
> Les petits ont pâti des sottises des grands.

Pauvres rentiers abandonnés de tous ! vous êtes sans protecteurs ; point d'au- torité judiciaire et de force publique, point de gardes nationales, point de ci- toyens ; vous n'avez d'autre appui pour votre défense que le *Cri des rentiers* qui s'adresse à des sourds peut-être. Ah ! pauvres moutons, on vous tondra toujours !

On a tondu les trois tiers consolidés : consolez-vous, avec des quatre cinquièmes consolidés ; moins malheureux que vos devanciers, vous.... Mais que diantre alliez-vous faire dans cette maudite galère ?

Si les efforts de votre défenseur désintéressé, n'étant pas votre corentier et consort, devenaient impuissants, supportez avec résignation votre cinquième de malheur, en adressant à saint Ignace de Loyola, patron des financiers, des vœux ardents pour la conservation de la santé de vos cinq cinquièmes, et s'ils ne sont point exaucés, imitez le nautonnier qui, conjurant en vain l'orage au sein de la tempête, s'abandonne à la grâce de Dieu :

> Celui qui met un frein à la fureur des flots
> Saura de la finance arrêter les complots.
> Ici tout est soumis à sa volonté sainte.
> O rentiers ! craignez Dieu, n'ayez pas d'autre crainte.

DIXI.

POST-SCRIPTUM.

La Chambre des Députés est tombée dans une grave erreur en introduisan dans un paragraphe de l'adresse le mot *conversion* ; elle ne pouvait engager l Gouvernement qu'à exercer un *droit :* la conversion ne serait pas le résultat d l'exercice d'un droit.

Supposons le Gouvernement placé sous l'empire du droit commun à tous les débiteurs d'une rente constituée en perpétuel.

Le débiteur ne peut exercer qu'un droit unique conféré par un seul article du Code. « La rente constituée en perpétuel est essentiellement *rachetable*. » Le débiteur offre le rachat de sa rente, le remboursement du capital ; dans le cas de refus, il met en demeure son créancier par acte extrajudiciaire : il dépose le capital à la caisse des consignations et cesse de servir la rente.

Le débiteur citoyen ne serait autorisé par aucune loi à convertir ou à réduire sa rente, en disant : Je garde le capital que vous refusez, et au lieu de 5, je vous paierai 4 ; le débiteur ne pouvant exercer un droit qu'il n'a pas, se borne à exercer son droit en contraignant le créancier à recevoir le remboursement, pas de juste milieu.

Le Gouvernement, en vertu du droit commun, ne pourrait faire que ce qu'autorise le droit commun ; s'il agissait autrement, ne pouvant invoquer aucun *droit écrit*, il se placerait hors la loi en exerçant un *droit exceptionnel* dans sa position exceptionnelle, le *droit du plus fort*.

La Chambre des Députés a donc dit au Gouvernement : Profitez de l'état de prospérité financière pour exercer le droit de convertir, de réduire, *droit* que ne vous confèrent pas les lois, droit que vous interdit la loi suprême constitutionnelle et que nous vous conférons par une petite phrase de notre adresse.

Le Gouvernement exerçant le droit commun que je lui conteste n'aurait que le droit de proposer le rachat, le remboursement, car *racheter*, *rembourser*, ne sont pas synonymes de *convertir* et *réduire*. Je réitère aux rentiers de l'État l'excellent conseil de refuser à L'UNANIMITÉ la *conversion ;* et, vu l'impossibilité de rembourser 2 milliards sans argent, les rentiers conserveront l'intégralité de leurs rentes, en opposant la finesse à la ruse et L'ADRESSE à L'ADRESSE.

Je prendrai la liberté de demander à nos honorables ce qu'ils entendent par ces mots : la prospérité financière qui ne pourra que s'accroître par l'économie dans les dépenses, permettra d'alléger (par la conversion) LE FARDEAU *des charges publiques*.

L'organe du Gouvernement, immédiatement après l'occupation étrangère dont les conséquences augmentèrent les charges publiques, présenta et développa le *système de finances et de crédit public* qui nous régit encore aujourd'hui ; il déclara que la France ne pouvait supporter sans SURCHARGES et sans altérer les sources de l'impôt, plus de 700 millions de contributions et qu'il faudrait demander au crédit ce que l'impôt ne pourrait produire.

Cette différence de 700 *millions* au MILLIARD immuable est précisément le *fardeau* des charges publiques, une *surcharge :* mais une surcharge qui altère les sources de la richesse publique, en provoquant de toutes parts les réclamations de l'agriculture, du commerce, de l'industrie, ne sera jamais, en bonne logique, le signe caractéristique *d'une prospérité financière...*, AU CONTRAIRE.

On remarque une contradiction manifeste dans la déclaration de la Chambre, qui, au sein de la prospérité, demande des économies par la banqueroute, signe de détresse, symptôme de révolution financière.

Nos Députés sont-ils imbus des vieilles doctrines de l'école britannique? veulent-ils répéter cette phraséologie banale : La hausse des rentes est un signe de prospérité. La finance de bourse n'est pas de la finance d'État. Sully fit de la finance d'État sans bourse, en ménageant la bourse des contribuables.

J'ai l'intention de publier incessamment LE FRONDEUR FINANCIER, ou *Critique raisonnée du funeste système du prétendu crédit public.* Je m'engage à démontrer envers et contre tous, qu'il n'existe pas de crédit public, que le crédit *reste à fonder.* Je disserterai sur la théorie du *vrai crédit public.* Je proposerai l'adoption d'un système de vrai crédit public; je jetterai le gant à tous les disciples de la vieille école britannique en leur portant le défi de me réfuter.

Je proposerai de supprimer la caisse d'amortissement, ce qui procurerait une économie de plus de 70 millions au lieu de 20 millions que produirait l'illégale conversion; et, pour éviter l'objection que cette suppression rendrait la dette perpétuelle, je proposerai une banque d'amortissement *sans fonds d'amortissement* qui amortira en 40 ans, époque fixe, pas un jour de plus, toutes les dettes présentes et futures avec l'intérêt. Elle amortira les 100 millions de rentes dites remboursables au capital de 2 milliards avec les 100 millions d'intérêt *réductibles* moyennant une somme fixe, à forfait de 3 milliards 200 millions, intérêt 1 et demi pour 100, avec remboursement de capital. Ne jugez pas et ne condamnez pas sans entendre.

En livrant à la banque d'amortissement la dotation actuelle de la caisse d'amortissement, mon système procurera au gouvernement 1500 millions pour exécuter en deux ou trois ans simultanément les grandes lignes du chemin de fer de PARIS à Bruxelles, au Hâvre, à Nantes, à Bordeaux, à Marseille, à Strasbourg. La banque amortira sans augmentation d'impôts ces 1500 millions (capital et intérêt) en 39 ans 11 mois trente jours, moyennant la somme fixe de 2 milliards 400 millions 1 et demi pour 100 avec remboursement de capital.

Si la Chambre veut faire droit aux justes plaintes des départements vignicoles, des départements maritimes, qui demandent un système protecteur de droit au lieu d'un système oppresseur; si elle veut supprimer l'impôt sur le sel qui pèse sur le pauvre et le monopole des tabacs, mon système comblera les déficits.

Ma banque d'amortissement développée sur une grande échelle avec 360 comptoirs d'arrondissement viendrait au secours de l'agriculture, du commerce et de l'industrie. On sait que les agriculteurs sont dévorés par l'usure qui prête à 1 et 2 pour 100 par mois, même sur biens-fonds; mon système enfin fournirait aux comptoirs diversement 2, 4, 600 millions, si ce capital était nécessaire. Enfin je finis cet exposé en disant : *Ne jugez pas et ne condamnez pas sans entendre.*

FIN.